초등 과학 교과 연계
3학년 1학기 3. 동물의 한살이 **2학기** 2. 동물의 생활
5학년 1학기 5. 다양한 생물과 우리 생활 **2학기** 2. 생물과 환경

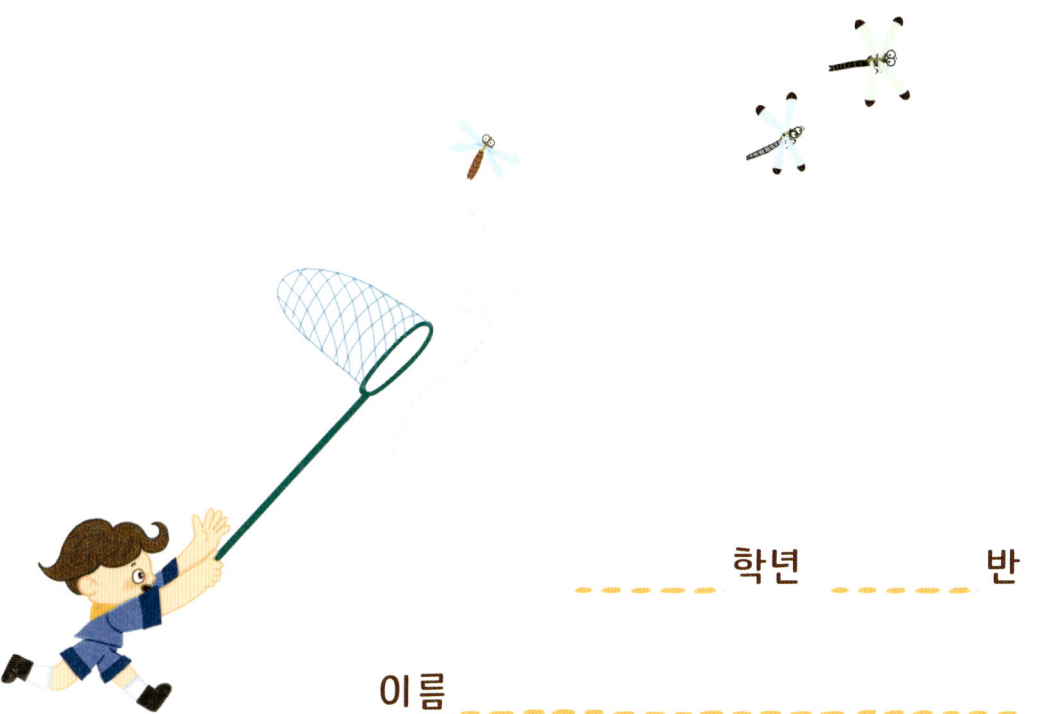

_____ 학년 _____ 반

이름 _____

강누리 글

덕성여자대학교에서 중어중문학을 전공하고 출판사에서 어린이 책을 만드는 일을 했습니다. 눈높이 전집 팀에서 다수의 전집 개발에 참여했고, 지금은 어린이 책의 원고를 쓰고 있습니다. 지은 책으로 《매미 탐험북》, 《백두대간 옛이야기 반쪽이》, 〈공룡 대발이 생활 동화〉 시리즈 등이 있습니다.

이선주 그림

시각디자인을 전공한 후 다양한 분야에서 그림을 그리다, 어린이 책의 매력에 빠져 그림 작가가 되었어요. 재미있는, 슬픈, 쓸쓸한, 화나는 등등의 감정을 그림에 담아 그리는 작가가 되기 위해 노력 중입니다. 그린 책으로 《너에게 하고픈 말》이 있습니다.

정보 제공 및 내용 감수에 참여한 국립생태원 임직원

김만년, 김영중, 박종대, 조영호

미래 생태학자를 위한

잠자리 탐험북

발행일 2022년 6월 24일 초판 1쇄 발행

엮음 국립생태원
그림 이선주
발행인 조도순
책임편집 유연봉 | **편집** 최유준 | **본문구성·진행** 김혜영 | **디자인** 나비
사진 국가생물종지식정보시스템, 국립생물자원관, Gettyimagebank, pixabay, Wikimedia Commons
발행처 국립생태원 출판부 | **신고번호** 제 458-2015-000002호(2015년 7월 17일)
주소 충남 서천군 마서면 금강로 1210 l www.nie.re.kr
문의 041-950-5999 l press@nie.re.kr

ⓒ 국립생태원 National Institute of Ecology, 2022
ISBN 979-11-6698-137-1 73400

※ 이 책에 실린 모든 글과 그림을 저작권자의 허락 없이 무단으로 사용하거나
　복사하여 배포하는 것은 저작권을 침해하는 것입니다.

⚠ **주의** 다칠 우려가 있습니다. 본 교재를 던지거나 떨어뜨리지 않도록 주의하십시오.
　고온 다습한 장소나 직사광선이 닿는 장소에는 보관을 피해 주십시오.

미래 생태학자를 위한

잠자리 탐험북

국립생태원 엮음

국립생태원
NIE PRESS

머리말
신비한 잠자리의 세계를 탐험해요

안녕하세요, 미래 생태학자를 꿈꾸는 어린이 여러분!

"잠자리 날아다니다, 잠자리 꽃에 앉았다." 이런 가사의 동요를 들어 본 적이 있나요? 노래뿐만 아니라 곤충을 잡는 그물망을 잠자리채라고 부를 정도로 잠자리는 우리에게 친근한 곤충이에요. 툭 튀어나온 커다란 눈을 보면 마냥 귀엽게 보이지만, 사실 잠자리는 자유자재로 빠르게 날아다니며 작은 곤충을 잡아먹는 무서운 사냥꾼이랍니다.

전 세계에는 약 5,800종의 잠자리가 있고, 우리나라에 사는 잠자리는 남북한을 합쳐서 133종이에요. 잠자리는 크게 옛잠자리아목, 잠자리아목, 실잠자리아목으로 구분할 수 있는데, 특히 이 중에서 잠자리아목에 속하는 대모잠자리, 노란잔산잠자리, 꼬마잠자리는 '멸종위기 야생생물 Ⅱ급'으로 지정되었어요. 도시가 개발되고 자연환경이 오염되면서 잠자리 수가 점점 줄어

든 결과이지요.

  우리는 잘 모르는 것에는 관심도 생기지 않고 사랑할 수도 없어요. 잠자리를 포함해 우리와 함께 지구에서 살아가는 모든 생물들에 대해서도 마찬가지예요. 더 잘 알게 되면 될수록 점점 더 사랑스럽게 느껴지게 마련이지요.

  이 책은 잠자리의 신비로운 생태를 공부하고 관찰하며, 채집하고 관찰할 수 있도록 안내해 주어요. 이 책을 읽고 나서 잠자리와 더욱 친해지고, 이 작고 날쌘 친구를 소중히 여기게 된다면 좋겠어요. 동물과 식물이 살지 못하는 환경에서는 사람도 살지 못해요. 자연과 사람이 더불어 살아갈 때 지속 가능한 미래를 만들어 나갈 수 있다는 것을 꼭 기억하세요.

  자, 그럼 지금부터 '내가 바로 잠자리 박사!'라고 생각하며 신비한 잠자리의 세계를 함께 탐험해 볼까요?

국립생태원장 조도순

차례

잠자리 탐구하기

살아 있는 화석, 잠자리 10
잠자리는 잠자리목이에요 12
물가를 좋아하는 잠자리 14
잠자리의 생김새 16
잠자리는 왕눈이 18
잠자리는 무서운 사냥꾼 20
잠자리는 뛰어난 조종사 22

 잠자리를 흉내 내어 만들었어요 24

잠자리의 한살이

결혼할 짝을 찾아요 28
짝짓기를 하고 알을 낳아요 30
애벌레는 물에서 살아요 32
날개돋이를 해요 34
길고 긴 겨울을 보내요 36

 잠자리의 천적 38

우리나라의 잠자리

잠자리의 구분 42

잠자리아목 --------------------------------

잠자리아목에서 수가 가장 많은 **잠자리과** 44
겹눈이 서로 떨어져 있는 **측범잠자리과** 46
몸집이 커다란 **왕잠자리과** 48
몸이 청동색인 **청동잠자리과** 50
애벌레로 오래 사는 **장수잠자리과** 51
생태가 잘 알려지지 않은 **잔산잠자리과** 51

실잠자리아목 --------------------------------

실잠자리아목에서 수가 가장 많은 **실잠자리과** 52
앉을 때 날개를 접지 않는 **청실잠자리과** 54
날개 색이 짙은 **물잠자리과** 56
날개 앞뒤 모양이 거의 같은 **방울실잠자리과** 57

 **잠자리를 만들어요** 58

스스로 연구하기

잠자리 관찰하고 채집하기 62
잠자리 관찰일기 쓰기 64
잠자리 실험하기 66
더 궁금한 것을 묻고 답해요 68
잠자리 탐구 활동을 해 보세요 70

잠자리 탐구하기

툭 튀어나온 커다란 눈에 기다란 배, 얇은 날개를 나풀거리며
물가를 날아다니는 곤충은 무엇일까요? 바로 잠자리예요.
잠자리는 호수나 연못, 강가에 가면 쉽게 볼 수 있는 곤충이에요.
추운 한겨울을 제외한 봄, 여름, 가을에 모두 볼 수 있지요.
잠자리는 추운 남극과 북극을 제외한 거의 모든 곳에서 살아가요.
우리나라에도 무려 133종이나 살고 있답니다.
잠자리는 종류가 다양한 만큼 사는 모습과 생김새도 참 다양해요.
지금부터 매력적인 잠자리를 탐구하러 함께 떠나 볼까요?

살아 있는 화석, 잠자리

잠자리 어른벌레

원시 잠자리와 지금의 잠자리는 모양이나 습성이 비슷해요. 그래서 잠자리는 살아 있는 화석으로 불린답니다.

날개를 가진 최초의 곤충

잠자리는 날개를 가진 곤충으로 진화한 최초의 곤충이에요. 잠자리의 조상은 약 3억 2,500만 년 전에 나타났어요. 공룡이 세상을 지배하던 때보다도 훨씬 오래전이었지요. 이 시기의 잠자리는 무척 컸어요. 날개 하나의 길이가 1미터에 이를 정도였지요. 하지만 약 2억 4,500만 년 전에 멸종해서 지금은 화석만 남아 있어요. 지금 우리가 보는 잠자리는 약 2억 3,000만 년 전에 처음 나타났다고 해요.

해충을 잡아먹는 고마운 곤충

잠자리는 사람에게 아주 이로운 곤충이에요. 사람에게 해를 끼치는 해충들을 잡아먹거든요. 애벌레 때는 모기나 하루살이의 애벌레를 잡아먹고, 어른

벌레가 되어서는 모기와 파리, 하루살이 등을 잡아먹어요. 잠자리는 애벌레 시절에 모기 애벌레인 장구벌레를 무려 3,000여 마리나 잡아먹는다고 해요. 그래서 잠자리가 있는 곳에서는 모기나 하루살이 같은 해충을 찾기 힘들어요.

게다가 잠자리는 곡식을 먹지도, 나쁜 병을 옮기지도, 물거나 쏘지도 않아요. 사람에게 도움만 주는 착한 곤충이지요. 그런데 이런 고마운 잠자리가 점점 사라지고 있어요. 잠자리 애벌레는 물속에서 사는데, 잠자리 애벌레가 살기에 적합한 환경이 계속 줄어들고 있기 때문이에요. 그러니 자연 환경을 깨끗하게 가꾸고, 잠자리를 최대한 잡지 말아야겠어요.

잠자리 애벌레

잠자리는 어른이 되면 하루에 모기를 수백 마리나 잡아먹는대요.

고추잠자리
하루살이나 모기를 잡아먹어요.

된장잠자리
모기나 깔따구를 잡아먹어요.

사람들에게 친근한 곤충

잠자리는 주로 봄부터 가을 사이에 볼 수 있어요. 특히 가을에 자주 눈에 띄지요. 코스모스가 한들한들 피어날 때면 잠자리도 푸른 하늘을 날아다녀요. 우리나라 사람들은 예로부터 잠자리를 친근하게 여겼답니다. 모시같이 얇고 고운 천을 가리켜 "잠자리 날개 같다."라고 하고, 잠자리가 나오는 노래도 만들어 불렀어요. 곤충을 잡는 포충망을 잠자리채라고도 하지요.

활동! 가사에 잠자리가 나오는 노래를 조사해 보세요.

잠자리는 잠자리목이에요

잠자리라는 이름은 잠자리가 날개를 떠는 모습에서 나왔대요.

잠자리는 고시류 곤충

잠자리는 고시류 곤충이에요. 고시류란 날개를 완전히 접지 못하는 곤충을 말해요. 날개에 관절이 없어서 앉아 있을 때 날개를 뒤로 접어 눕히지 못하지요. 하루살이와 잠자리가 대표적인 고시류 곤충이에요. 잠자리는 일부 실잠자리 무리를 빼고는 앉아 있을 때 늘 날개를 펼치고 있답니다.

잠자리목의 특징

잠자리는 잠자리목에 속하는 곤충이에요. '목'이란 비슷한 생김새로 동물을 분류해 놓은 것이지요. 잠자리목에 속하는 잠자리는 동물을 잡아먹고 사는 육식성 곤충이에요. 입이 먹이를 씹어 먹기에 알맞게 생겼답니다.

우린 왜 날개를 뒤로 못 접지?

딱지날개 속에 접어서 넣으면 되던데.

날개를 배 위에 포개서 접으면 되지 않나?

잠자리랑 하루살이는 날개를 못 접나 봐.

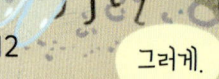
그러게.

잠자리의 분류

잠자리 무리는 크게 세 종류로 나눌 수 있어요. 생김새에 따라 크게 잠자리아목, 실잠자리아목, 옛잠자리아목으로 나누어지지요. 잠자리아목은 앞날개는 가늘고, 뒷날개가 더 넓어요. 또 몸통이 굵고 튼튼하지요. 실잠자리아목은 앞날개와 뒷날개의 크기가 같고, 잠자리류보다 날개와 몸통이 가늘어요. 옛잠자리아목은 실잠자리 무리처럼 날개가 가늘지만 몸통은 잠자리 무리처럼 두꺼워요. 우리나라에는 옛잠자리 무리가 살지 않아요. 실잠자리 무리와 잠자리 무리만 볼 수 있답니다.

옛잠자리 무리는 히말라야와 일본에서만 산다고 알려져 왔어요. 그런데 몇 년 전 중국과 북한에서도 발견된 적이 있다고 해요.

우리나라에는 남북을 합해서 약 133종의 잠자리가 살아요.

동물계 — 절지동물문 — 곤충강 — 잠자리목

옛잠자리아목

잠자리아목
- 잠자리과
- 왕잠자리과
- 장수잠자리과
- 청동잠자리과
- 측범잠자리과
- 잔삼잠자리과
- 독수리잠자리과*

실잠자리아목
- 실잠자리과
- 물잠자리과
- 청실잠자리과
- 방울실잠자리과

*독수리잠자리과는 우리나라에서 1종이 채집되었다는 기록이 남아 있지만, 실제로 살고 있는지는 알려지지 않았어요.

활동! 옛잠자리아목에는 어떤 잠자리가 있는지 알아보세요.

물가를 좋아하는 잠자리

물잠자리

호수나 연못에 가면 날아다니는 잠자리를 볼 수 있어요.

물가에서 볼 수 있는 잠자리

잠자리는 어디에서 볼 수 있을까요? 물이 넘실넘실 흐르는 계곡이나 시냇물 주변에도 있고, 잔잔하게 흐르는 강가 주변에서도 볼 수 있어요. 또 연못이나 호수에서도 살아요.

잠자리는 왜 물가 주변에 살까요? 정답은 주로 물속에 알을 낳기 때문이에요.

잠자리는 물속에서 깨어나 애벌레 시절을 물에서 보내요. 물이 잠자리의 고향인 셈이에요. 그래서 어른벌레가 되어도 물가에서 주로 살아요. 날개돋이를 마치면 종류에 따라 멀리 떠나서 살다가, 알을 낳을 때는 다시 물가로 돌아오지요. 날개돋이란 곤충의 애벌레나 번데기가 어른벌레가 되는 것을 말한답니다.

여행을 다니는 잠자리

된장잠자리

날개돋이를 마친 잠자리는 자기가 태어난 물가에서 머물러요. 하지만 종류에 따라서는 물가를 떠나 멀리 산이나 숲으로 떠나는 것들도 있어요. 그중에서 된장잠자리는 아주 먼 여행을 떠나는 것으로 유명해요. 된장잠자리는 날개가 크고 몸이 가벼워서 먼 거리를 날아갈 수 있어요. 바람에 몸을 싣고 긴 여행을 떠나는 것이지요. 육지에서 출발해서 바다를 건너 수천 킬로미터를 날아간다고 해요.

고추좀잠자리도 날개돋이를 마치면 근처 산속으로 날아가요. 더위를 피하기 위해서예요. 그러고는 알을 낳을 때가 되면 다시 물가로 돌아오지요.

> 된장잠자리는 4월 말부터 보이기 시작하는데, 어디에 있다가 날아오는지는 아직도 밝혀지지 않았어요.

활동! 물가로 가서 잠자리를 관찰해 보세요.

잠자리의 생김새

잠자리 어른벌레의 모습

잠자리의 몸은 머리, 가슴, 배로 나뉘어요. 몸길이는 15~190밀리미터로 종류에 따라 다양해요. 머리에는 홑눈 3개와 겹눈 2개, 1쌍의 더듬이와 1개의 입이 있어요. 가슴에는 2쌍의 날개와 3쌍의 다리가 달려 있지요. 배는 아주 긴 편이고 10개의 마디로 이루어져 있어요.

> 잠자리 암컷에게는 교미 부속기 대신 알을 낳는 산란관이 있어요.

왕잠자리 어른벌레

배
10개의 마디로 되어 있어요. 암수 모두 9번째 마디에 생식 기관이 있어요.

머리
홑눈과 겹눈이 달려 있고, 가느다란 목으로 연결되어 있어요. 목은 여러 방향으로 움직일 수 있지요.

교미 부속기
수컷은 짝짓기를 할 때, 이것을 이용해서 암컷의 목덜미나 뒷머리를 잡아요.

홑눈
모두 3개이고, 밝기를 구분해요.

더듬이
짧아서 날아다니기에 알맞고, 바람의 방향을 알아차려요.

날개
얇고 가볍지만 그물 모양의 막으로 되어 있어서 튼튼해요.

겹눈
낱눈이 모여 이루어진 것으로, 사물의 형태와 움직임을 살필 수 있어요.

가슴
가슴 근육이 발달해서, 앞날개와 뒷날개를 따로 따로 움직일 수 있어요.

다리
날카로운 가시털이 돋아 있어서, 먹잇감을 단단히 움켜쥘 수 있어요.

잠자리 애벌레의 모습

잠자리는 어른벌레일 때는 땅 위에서 살고, 애벌레 때는 물속에서 살아요. 그래서 애벌레의 생김새가 어른벌레와 많이 달라요. 또한 어른벌레는 배로 숨을 쉬지만, 애벌레는 아가미로 숨을 쉰답니다. 잠자리 애벌레를 '수채'라고 해요. 순우리말로는 '학배기'라고 하지요.

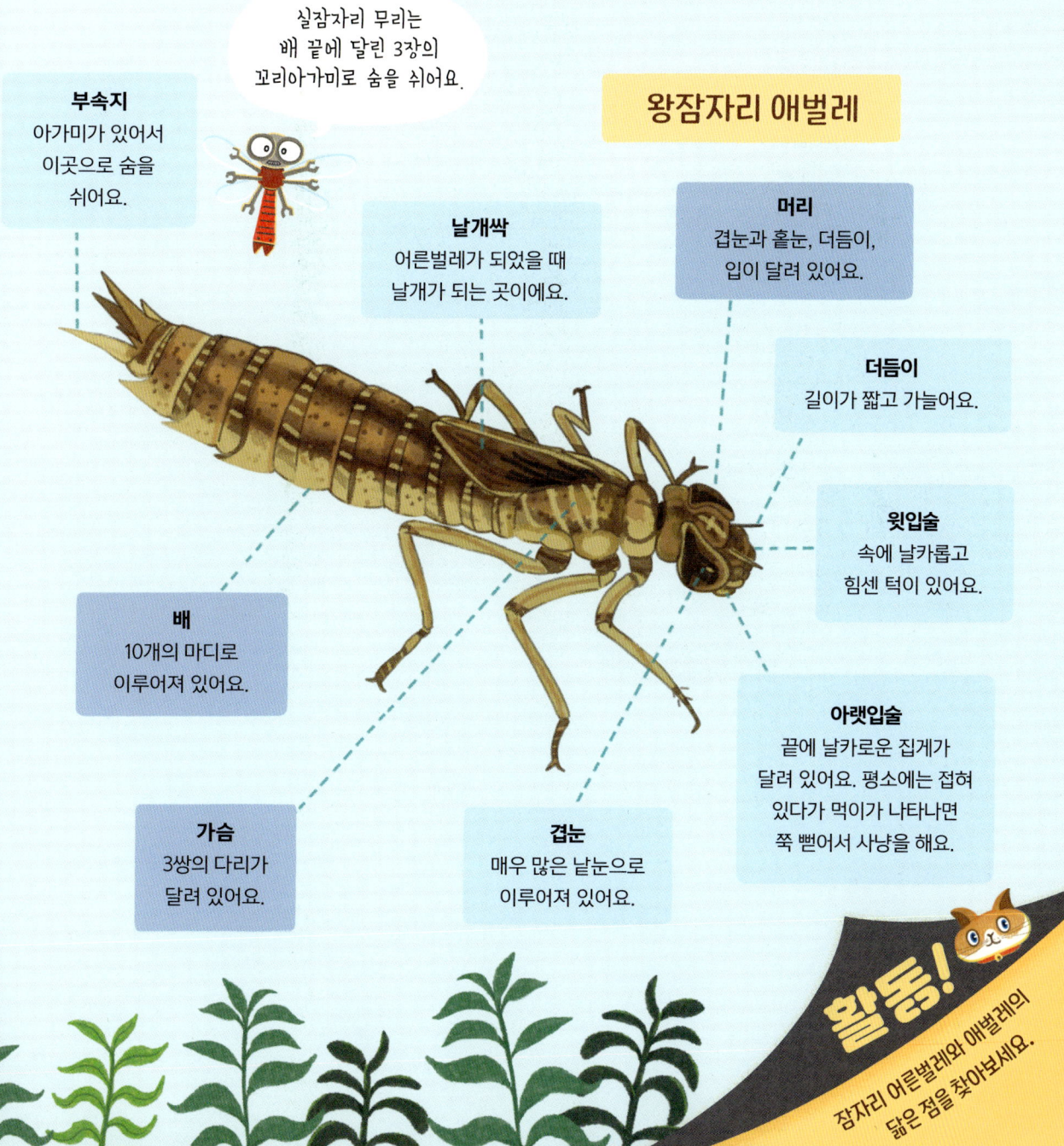

실잠자리 무리는 배 끝에 달린 3장의 꼬리아가미로 숨을 쉬어요.

왕잠자리 애벌레

부속지
아가미가 있어서 이곳으로 숨을 쉬어요.

날개싹
어른벌레가 되었을 때 날개가 되는 곳이에요.

머리
겹눈과 홑눈, 더듬이, 입이 달려 있어요.

더듬이
길이가 짧고 가늘어요.

윗입술
속에 날카롭고 힘센 턱이 있어요.

배
10개의 마디로 이루어져 있어요.

아랫입술
끝에 날카로운 집게가 달려 있어요. 평소에는 접혀 있다가 먹이가 나타나면 쭉 뻗어서 사냥을 해요.

가슴
3쌍의 다리가 달려 있어요.

겹눈
매우 많은 낱눈으로 이루어져 있어요.

활동!
잠자리 어른벌레와 애벌레의 닮은 점을 찾아보세요.

잠자리는 왕눈이

커다란 눈의 비밀

잠자리는 머리의 대부분을 차지할 만큼 눈이 커서 매우 귀여워 보여요. 그런데 잠자리의 눈에는 비밀이 숨어 있답니다. 그 비밀은 바로 하나처럼 보이는 눈이 실제로는 낱눈 여러 개가 모여서 이루어졌다는 거예요. 이러한 눈을 '겹눈'이라고 해요.

대부분의 곤충은 잠자리처럼 겹눈을 가지고 있어요. 하지만 겹눈을 이루는 낱눈의 개수는 잠자리가 제일 많아요.

낱눈이 많을수록 더 또렷하게 보여요.

겹눈을 크게 확대해서 보면 벌집 모양으로 보여요.

겹눈으로는 선명하게 볼 수 없지만, 움직이는 물체를 훨씬 예민하게 알아챌 수 있어요.

1만 개에서 2만 8,000개의 낱눈이 모여 겹눈 하나를 이루어요. 낱눈으로는 물체의 한 부분밖에 볼 수 없지만, 낱눈들이 모여 겹눈을 이루면 완전한 형태를 볼 수 있어요. 낱눈으로 보는 방향이 제각기 다르기 때문에 겹눈으로는 먼 곳은 물론, 위아래와 옆, 앞뒤도 한번에 볼 수 있지요. 그래서 겹눈이 있으면 움직이는 먹이를 발견하고, 천적으로부터 도망가기에 매우 유리해요.

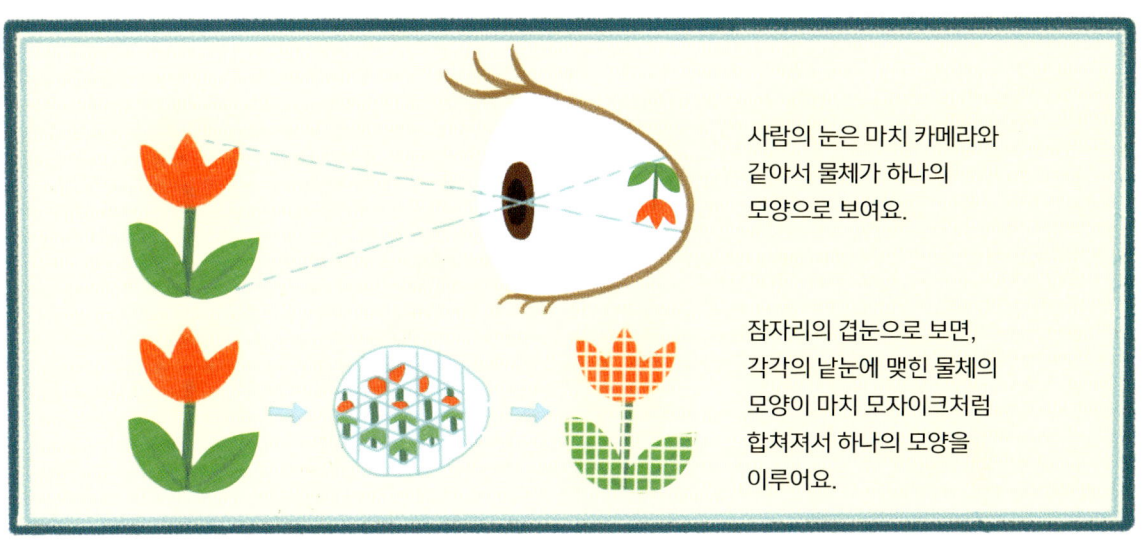

사람의 눈은 마치 카메라와 같아서 물체가 하나의 모양으로 보여요.

잠자리의 겹눈으로 보면, 각각의 낱눈에 맺힌 물체의 모양이 마치 모자이크처럼 합쳐져서 하나의 모양을 이루어요.

밝기를 구분하는 홑눈

잠자리의 낱눈은 색깔과 형태는 구별해도 밝기를 구분하지는 못해요. 잠자리는 홑눈으로 구분한 밝기를 통해, 겹눈으로 본 물체를 입체적으로 파악하지요.

홑눈은 대개 곤충의 머리 가운데나 옆쪽에 위치해요. 잠자리의 홑눈 3개는 2개의 겹눈 사이에 자리 잡고 있어요.

홑눈

날 잡기가 쉽지 않을 텐데!

활동! 다른 곤충의 겹눈은 몇 개의 낱눈으로 이루어졌는지 조사해 보세요.

잠자리는 무서운 사냥꾼

잽싸게 다가가서 냠냠!

잠자리는 주로 하늘을 날면서 먹잇감을 찾아요. 눈이 좋은 데다 머리도 자유롭게 움직일 수 있어서 먹이 찾기가 그리 어렵지는 않아요.

잠자리는 먹잇감을 발견하면 쏜살같이 다가가요. 종류에 따라 다르지만, 어떤 잠자리는 한 시간에 약 100킬로미터나 날 수 있어요.

다리로 먹이를 사냥하거나, 뭔가에 매달려 앉을 수 있어요. 하지만 걸을 수는 없답니다.

잠자리는 다리로 먹이를 꽉 움켜쥐어요. 잠자리 다리에는 날카로운 가시털이 있어서, 한번 움켜쥐면 먹이가 빠져나가지 못해요.

잠자리는 먹보

잠자리는 욕심 많은 사냥꾼이에요. 하루 종일 날아다니며 자기 몸무게의 절반 정도 되는 양의 먹이를 잡아먹지요. 잠자리는 주로 하늘을 날아다니는 모기, 파리, 하루살이, 각다귀, 나비 같은 작은 곤충을 잡아먹어요. 덩치가 커다란 잠자리는 덩치가 작은 잠자리를 잡아먹기도 하고, 매미, 풍뎅이, 심지어 말벌도 사냥한답니다.

잠자리는 튼튼한 턱으로 순식간에 먹이를 씹어 먹어요. 작은 먹이는 하늘을 날면서도 먹을 수 있답니다.

서양에서는 잠자리가 모기를 많이 잡아먹는다고 해서 '모기매'라고 불러요.

활동!
잠자리 먹이에는 또 무엇이 있는지 찾아보세요.

잠자리는 뛰어난 조종사

튼튼한 날개와 단단한 가슴

잠자리의 날개는 얇고 투명해서 약해 보이지만, 그물 모양의 날개맥으로 연결되어 있어서 매우 질겨요. 자기 몸무게의 10배를 들어 올릴 수 있을 정도로 튼튼하답니다. 또한 매우 가벼워요.

또 가슴 근육이 발달해서 오래 날 수 있고, 날갯짓을 많이 해도 쉽게 지치지 않아요.

날개에 있는 그물 모양의 맥은 잠자리가 하늘을 날 때, 날개가 받는 힘을 버틸 수 있게 해 주어요.

참별박이왕잠자리

잠자리는 무려 1초에 30번이나 날갯짓을 할 수 있대요.

고추잠자리

잠자리는 잠깐 앉을 때도 날개를 활짝 펼치고 있어요. 그래서 준비 동작 없이 바로 하늘로 날아오를 수 있어요.

뛰어난 비행 실력

　잠자리는 커다란 날개를 펄럭이며 날아가다 갑자기 멈춰 제자리에서 날기도 하고, 빠르게 방향을 바꾸기도 해요. 아래로 뚝 떨어졌다가 위로 솟구치고, 심지어 뒤로도 날지요. 마치 비행기가 공중 곡예를 하는 것 같아요.

　잠자리가 이렇게 잘 나는 까닭은 무엇일까요? 바로 앞뒤 날개를 자유롭게 움직일 수 있기 때문이에요. 잠자리처럼 날개가 2쌍인 곤충들은 대개 앞날개와 뒷날개를 위아래로 함께 흔들며 날아요. 장수풍뎅이처럼 딱지날개가 있는 곤충들은 딱지날개를 벌리고 그 안에 있는 속날개를 흔들며 날지요.

　하지만 잠자리는 앞날개와 뒷날개를 서로 엇갈리게 움직이며 날아요. 심지어 뒤로 날 때는 날개를 뒤집어서 날기도 해요.

잠자리는 날개가 길고 몸이 가늘어서 날기에 매우 적합해요.

잠자리는 앞날개와 뒷날개를 서로 엇갈리게 움직여 날아요.

나비는 앞날개와 뒷날개를 함께 움직여 날아요.

장수풍뎅이는 단단한 딱지날개를 들어 올리고 얇은 뒷날개를 펼쳐서 날아요.

활동! 잠자리가 나는 법을 연구해서 만든 것에는 무엇이 있는지 조사해 보세요.

잠자리를 흉내 내어 만들었어요

잠자리는 참으로 매력적인 곤충이에요. 뛰어난 시력, 훌륭한 비행 솜씨, 독특한 모습 등 사람들의 흥미를 자극하는 것투성이지요. 그래서 사람들은 잠자리를 연구하여 많은 것들을 만들었어요. 이러한 연구는 아직도 진행 중이랍니다.

잠자리의 비행을 닮은 헬리콥터

잠자리는 수직으로 날아오르고, 한 곳에 머물러 날며, 나는 방향을 자유롭게 바꾸어요. 사람들은 이 모습을 보고 비행기 윗부분에 날개를 달았어요. 그리고 날개를 빠르게 돌려 잠자리가 나는 모습과 비슷하게 만들었어요. 이것이 바로 헬리콥터예요.

잠자리를 닮은 드론

영국에서는 잠자리를 닮은 드론을 개발하고 있어요. 잠자리처럼 날개가 2쌍이고, 잠자리처럼 날갯짓을 할 수 있도록 연구 중이라고 해요. 잠자리 드론은 지금의 드론보다 적은 에너지로 오래 날 수 있고, 하늘의 날씨 변화에도 잘 대응할 수 있다고 해요.

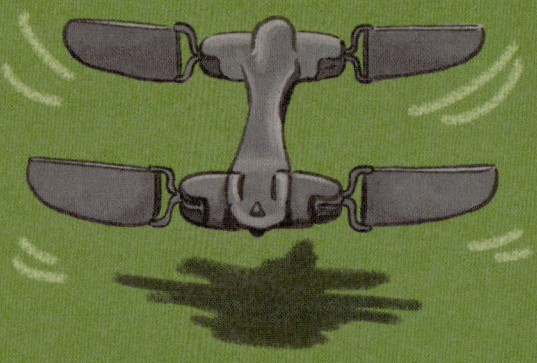

겹눈을 연구해 만든 카메라

사람들은 고개를 돌리지 않고도 위아래와 옆, 앞뒤를 볼 수 있는 겹눈을 연구했어요. 그리고 이것을 카메라 만드는 데 이용했어요. 아주 작은 카메라를 여러 대 모으고 각 카메라에서 찍은 영상을 합쳐서 하나의 영상으로 만드는 거예요. 그러면 카메라로 찍을 수 있는 곳이 더 넓어지고 보다 선명한 영상을 얻을 수 있어요.

이런 기술은 스마트폰 같은 스마트 기기나 내시경 카메라와 같은 의료 영상 기기, CCTV 같은 감시 및 정찰 장비에 활용되고 있답니다.

CCTV 카메라

스마트폰 카메라

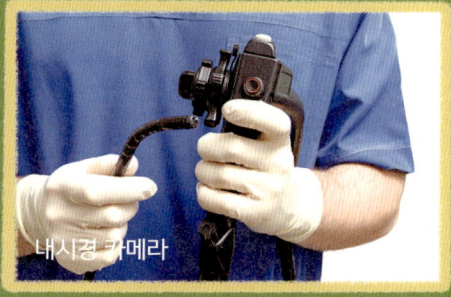
내시경 카메라

잠자리 날개를 응용한 항균 제품

잠자리 날개에는 눈에 보이지 않는 아주 작고 뾰족한 돌기가 나 있어요. 바이러스와 세균, 곰팡이 등이 이 돌기에 닿으면 죽어서 사라지지요. 덕분에 잠자리 날개는 잠자리가 죽은 뒤 시간이 흘러도 썩지 않는대요.

이런 원리를 이용하여 바이러스와 세균을 차단하는 항균 스프레이, 마스크, 자동차 시트 등을 개발했답니다.

잠자리의 한살이

잠자리는 알, 애벌레를 거쳐 번데기 시기 없이 곧바로 어른벌레가 되는 불완전탈바꿈 곤충이에요. 잠자리는 불완전탈바꿈을 하는 곤충 중에서도 애벌레 때와 어른벌레 때의 사는 곳이 완전히 다른 특별한 곤충이에요. 그래서 한살이가 매우 흥미로워요. 종류에 따라 생활 모습도 많이 다르답니다. 보면 볼수록 재미있는 곤충, 잠자리의 한살이를 함께 알아보아요.

결혼할 짝을 찾아요

수컷이 물가를 날아다녀요

물가에 잠자리가 유난히 많이 보인다면, 짝짓기를 할 때가 된 거예요. 수컷들은 자기 영역을 지키기 위해 물 위를 빙글빙글 날아다녀요. 한 바퀴 돌고 나서 잠시 나무나 풀잎에 앉았다가 다시 돌곤 하지요. 만약 자기 자리에 다른 수컷이 나타나면 쫓아내 버려요.

때로는 싸우기도 해요. 왕잠자리는 수컷끼리 만나면 크게 싸움을 벌여요. 머리로 들이받거나, 날개를 세게 부딪치며 거칠게 싸워요. 심하면 날개가 찢어지기도 하고, 물에 떨어져 죽기도 하지요.

무리를 지어 쫓아내기도 해요. 밀잠자리붙이 수컷들은 다른 밀잠자리 수컷이 가까이 다가오면 떼를 지어서 쫓아내요. 사는 곳이 비슷하기 때문에 자리다툼을 벌이는 거예요. 하지만 밀잠자리붙이 수컷들끼리도 자기 영역을 지키려고 서로 싸움을 벌여요.

수컷들이 이렇게 싸우는 이유는 암컷을 차지하기 위해서예요. 자리 싸움에서 진 수컷은 암컷을 만나기가 어렵거든요. 싸움에서 이긴

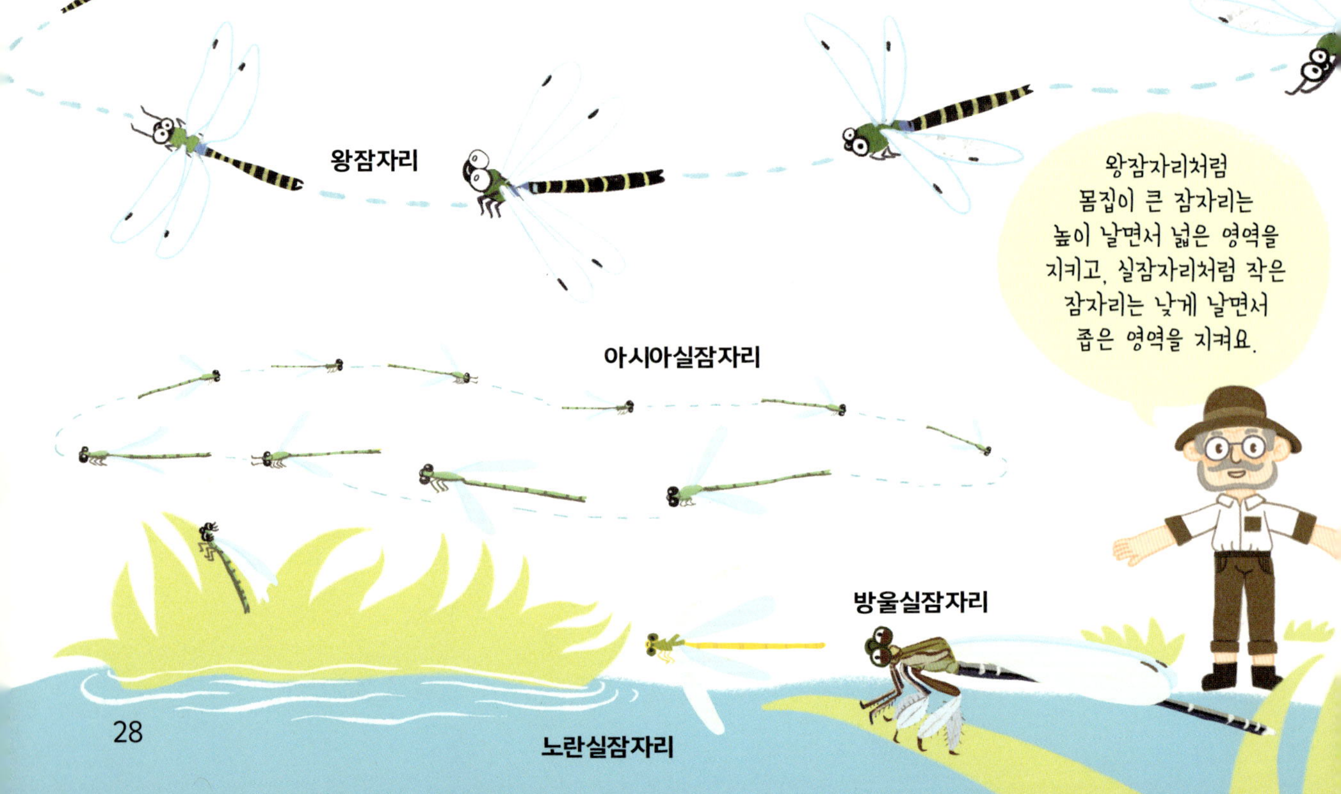

왕잠자리

아시아실잠자리

방울실잠자리

노란실잠자리

왕잠자리처럼 몸집이 큰 잠자리는 높이 날면서 넓은 영역을 지키고, 실잠자리처럼 작은 잠자리는 낮게 날면서 좁은 영역을 지켜요.

수컷은 자리를 지키며 암컷이 오기만을 기다리지요.

짝짓기할 때가 되면 몸 색이 변해요

고추잠자리 수컷은 어릴 때는 누런색을 띠다가 짝짓기할 때가 되면 머리부터 배 끝까지 온몸이 빨갛게 변해요. 또 아시아실잠자리 암컷은 날개돋이를 끝냈을 때는 붉은색을 띠다가 커가면서 녹색으로 변하지요. 이렇게 자라면서 몸 빛깔이 변하는 것을 '혼인색'이라고 해요. 혼인색을 띠면 잠자리가 짝짓기할 수 있는 어른이 되었다는 뜻이에요. 모든 종류의 잠자리가 혼인색을 띠지는 않아요. 색이 변하지 않는 잠자리도 있답니다.

고추잠자리가 속한 잠자리 종류는 수컷의 색이 빨갛게 변해요.

고추잠자리

아시아실잠자리가 속한 실잠자리 종류는 암컷의 색이 녹색으로 변해요.

아시아실잠자리

물잠자리는 색이 거의 변하지 않아요.

물잠자리

활동! 혼인색을 띠는 다른 동물을 조사해 보세요.

짝짓기를 하고 알을 낳아요

짝짓기를 해요

암컷 잠자리가 나타나면 수컷은 쏜살같이 날아가요. 그러고는 배 끝에 있는 부속기로 암컷의 목덜미나 뒷머리를 붙잡고 날아요. 짝짓기가 시작된 거예요.

수컷은 암컷을 붙잡은 채로 배를 구부려 9번째 배마디의 생식 기관에 있는 정자를 부생식 기관이 있는 2~3번째 배마디로 옮겨요. 일부 수컷은 짝짓기를 하기 전에 미리 배를 움직여 정자를 옮겨 놓기도 해요.

암컷은 배를 구부려 생식 기관이 있는 9번째 배마디를 수컷의 부생식 기관에 갖다 대요. 수컷의 정자를 암컷의 알주머니로 옮기는 거예요. 이 모양이 고리 모양처럼 보이기도 하고, 하트 모양처럼 보이기도 하지요.

들깃동잠자리

밀잠자리

잠자리는 짝짓기를 마친 뒤 바로 알을 낳아요.

아시아실잠자리

청실잠자리

알을 낳아요

짝짓기를 끝낸 암컷은 계곡이나 강, 늪, 호수나 연못 등지에 알을 낳아요. 이때 수컷은 암컷의 목덜미를 계속 붙들고 있거나, 암컷 주위를 날아다니며 암컷을 지켜요. 짝짓기를 하지 못한 수컷이 암컷을 채 가서 다시 짝짓기를 할 수도 있기 때문이에요.

짝짓기와 알 낳기를 마친 잠자리는 대개 겨울이 되기 전에 죽어요.

주위를 경계하라!
고추잠자리
밀잠자리
저리 가지 못해!

알 낳는 방법도 여러 가지

잠자리는 종류에 따라 알을 낳는 방법이 달라요. 암컷이 날면서 배 끝으로 물을 치며 알을 떨어뜨리기도 하고, 암수가 함께 날면서 알을 물속에 뿌리기도 해요. 물가의 바위나 풀잎에 앉아 알을 낳기도 하고, 모래나 진흙에 알을 낳는 것도 있어요. 식물에 상처를 내고 그 안에 알을 낳기도 해요.

깃동잠자리
암수가 함께 날며 물속에 알을 뿌려요.

노란측범잠자리
물가의 풀잎에 앉아 알을 낳아요.

좀청실잠자리
식물에 알을 낳아요.

잘록허리왕잠자리
모래나 진흙에 알을 낳아요.

활동!
잠자리가 알을 낳는 방법에는 또 무엇이 있을지 알아보세요.

애벌레는 물에서 살아요

알에서 나와요

잠자리가 알을 낳으면 짧게는 5~7일, 길게는 230일 정도 지나면 새끼가 태어나요. 이렇게 기간에 차이가 나는 까닭은 알 상태로 겨울을 나는 종류가 있기 때문이에요. 대개 1~2주, 길어도 40일 정도면 알에서 깨어난답니다.

알에서 갓 나온 애벌레는 새우처럼 생겼어요. 이것을 '전유충'이라고 하는데, 물에서 깨어난 전유충은 금방 허물을 벗고 1령 애벌레가 되지요. 물에서 깨어나지 않은 전유충은 물속으로 이동하고 나서야 비로소 애벌레가 돼요. 1령 애벌레가 되면 잠자리 애벌레의 모습을 갖추게 된답니다.

청실잠자리는 알 상태로 겨울을 나고 봄에 애벌레로 깨어나요.

한국개미허리왕잠자리 애벌레

허물을 벗으며 자라요

애벌레는 부지런히 먹이를 잡아먹고 물속에서 허물을 벗으며 쑥쑥 자라요. 대개 9~15회 정도 허물을 벗는데, 같은 종류라도 사는 환경에 따라 허물을 벗는 횟수가 달라져요.

또 종류에 따라 어른벌레로 자라는 기간도 달

라요. 된장잠자리는 35일 정도면 어른벌레가 되지만, 장수잠자리는 어른벌레가 되는 데 4~5년이나 걸려요.

애벌레의 먹이

갓 태어난 잠자리 애벌레는 물벼룩 같은 작은 벌레를 잡아먹어요. 그러다 몸집이 커지면서 장구벌레, 실지렁이 같은 좀 더 큰 벌레도 잡아먹지요. 몸집이 큰 왕잠자리 애벌레는 올챙이나 작은 물고기도 잡아먹는답니다.

애벌레도 무서운 사냥꾼

잠자리 애벌레는 평소 물풀이나 진흙, 모래 속에서 숨어 살아요. 그러다 먹이가 가까이 다가오면 접어 두었던 아랫입술을 쭉 뻗어요. 아랫입술 끝에는 날카로운 집게가 있어서 먹이를 꽉 붙잡을 수 있어요.

잠자리 애벌레는 대개 숨어서 사냥해요. 하지만 왕잠자리 애벌레는 적극적으로 나서서 먹이를 잡지요. 만약 적에게 들키거나 적이 쫓아오면, 꽁무니로 힘차게 물을 내뿜으며 재빨리 도망친답니다.

왕잠자리 애벌레

올챙이

물방개

물자라

왕잠자리 애벌레

활동!
잠자리의 먹이와 잠자리 애벌레의 먹이를 비교해 보세요.

날개돋이를 해요

날개돋이란 곤충의 애벌레나 번데기가 어른벌레로 변하는 것을 말해요. 날개돋이할 때가 다가오면 잠자리 애벌레는 생김새가 달라져요.

우선 날개가 될 부분인 날개싹이 부풀어 오르고, 겹눈이 투명해져요. 또 가슴에 닫혀 있던 호흡문을 열고 공기 호흡을 시작해요.

날개돋이 시간이 짧은 것은 40분, 긴 것은 4시간이나 걸려요.

먹줄왕잠자리의 날개돋이

❶ 나무에 기어올라 자리를 잡아요.

❷ 등이 갈라지면서 몸이 나와요. 어느 정도 나오면 몸을 뒤집고, 다리가 굳을 때까지 잠시 쉬어요.

❸ 다리로 애벌레 껍질을 붙잡고 배를 빼내요.

❹ 껍질을 벗은 잠자리는 날개도 배도 쪼글쪼글해요.

애벌레는 종종 물 밖으로 머리를 내밀고 새로운 방법으로 숨을 쉬어요. 그러다가 때가 되면 풀줄기나 나무를 타고 물 밖으로 나와요. 날개돋이를 하기 위해서예요. 잠자리 종류 중에서 날개돋이를 하는 데 시간이 오래 걸리는 것들은 천적이 드문 밤에, 짧게 걸리는 것들은 낮에 날개돋이를 한답니다.

날개돋이를 하는 동안과 날개돋이를 끝내고 몸을 말리는 동안에는 움직이지 못해요. 그래서 가장 안전한 시간에 날개돋이를 해야 한답니다.

❺ 쪼글쪼글한 날개를 펴기 시작해요.

❻ 날개가 펴지고 배도 늘어나요. 배 끝으로는 물이 나와요.

❼ 몸이 마르면서 색이 점점 진해져요. 몸도 단단해져요.

❽ 어른 먹줄왕잠자리가 되었어요.

길고 긴 겨울을 보내요

알로 겨울을 보내요

잠자리는 알을 낳는 시기에 따라 겨울을 보내는 방법이 달라요. 가을에 알을 낳으면 대개 알 상태로 겨울을 보내고, 이듬해 알에서 깨어나요. 이런 종류들은 애벌레 시기가 짧아요.

대표적으로 여름좀잠자리가 가을에 알을 낳아요. 추운 겨울을 알 상태로 보내고 이듬해 봄에 알에서 애벌레로 깨어나지요. 애벌레 기간은 한 달 정도로 매우 짧답니다.

여름좀잠자리

애벌레로 겨울을 보내요

몸집이 큰 종류들은 애벌레로 겨울을 보내는 경우가 많아요. 장수잠자리는 어른벌레가 되는 데 4~5년이 걸려서 애벌레 상태로 겨울을 여러 해 보내요. 왕잠자리는 마지막 애벌레 상태로 강이나 연못에서 겨울을 보내고 이듬해 봄에 어른벌레가 되지요.

> 잠자리의 한살이는 대부분 1년에 1번이에요.

> 왕잠자리는 애벌레 기간이 10개월 정도로 길어요.

왕잠자리 애벌레

어른벌레로 겨울을 보내요

　어른벌레로 겨울을 나는 것은 딱 3종류예요. 묵은실잠자리, 가는실잠자리, 작은실잠자리랍니다.

　잠자리는 대부분 알을 낳고 죽거나, 짝짓기를 못 해도 겨울이 오기 전에 죽어요. 그런데 묵은실잠자리는 보통 잠자리와는 달라요. 여름에 어른벌레가 되어 짝짓기나 알 낳기 없이 가을을 보내고 겨울이 오면 겨울잠을 자요. 보통 12월부터 이듬해 3, 4월까지 잠을 자지요. 봄이 오면 묵은실잠자리는 겨울잠에서 깨어나 여느 잠자리처럼 짝짓기를 하고 알을 낳아요.

　묵은실잠자리가 알에서 어른벌레가 되기까지의 기간은 40~50일 정도예요. 하지만 날개돋이를 한 뒤에는 10~11개월 동안이나 살아 있답니다.

묵은실잠자리

묵은실잠자리는 겨울 동안 어른벌레로 한 해를 '묵는다'는 뜻에서 붙은 이름이에요.

나는 겨울이 오면 양지바른 곳의 마른 식물 줄기 밑부분에 붙어서 이른 봄까지 겨울잠을 자.

묵은실잠자리야, 안 추워?

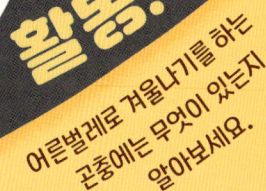

활동! 어른벌레로 겨울나기를 하는 곤충에는 무엇이 있는지 알아보세요.

잠자리의 천적

잠자리는 무서운 사냥꾼이자 뛰어난 비행사라서 두려운 것이 없어 보여요. 하지만 다른 동물이 그렇듯 잠자리에게도 천적이 있답니다. 약한 동물이 더 강한 동물에게 잡아먹히는 것은 동물의 세계에서 당연한 일이니까요.

그런데 잠자리는 애벌레일 때와 어른벌레일 때의 천적이 달라요. 애벌레 시기에는 천적이 물속에 사는 동물들이지만, 어른벌레가 되면 땅 위에 사는 동물들로 바뀐답니다.

어른벌레의 천적

거미와 사마귀는 잠자리의 무서운 천적이에요. 거미는 거미줄을 쳐 놓고 기다리다가 잠자리가 걸리면 체액을 빨아 먹어요. 사마귀는 날카로운 앞다리로 잠자리를 붙잡고 튼튼한 턱으로 씹어 먹지요.

하늘을 나는 새도 잠자리의 무서운 천적이에요. 특히 제비는 잠자리보다 더 빠르게 날다가 잠자리를 휙 낚아채요.

거미

사마귀

새

애벌레의 천적

작은 동물을 잡아먹고 사는 물속의 모든 동물이 잠자리 애벌레의 천적이에요. 커다란 물고기, 물방개와 물자라, 게아재비 모두 잠자리 애벌레의 천적이랍니다.

뒤바뀐 천적

왕잠자리는 애벌레 때 개구리가 되기 전 단계인 올챙이를 잡아먹어요. 하지만 어른벌레가 되면 반대로 개구리에게 잡아먹히지요. 자라면서 바뀌는 환경에 따라 천적도 뒤바뀌는 셈이에요.

올챙이

개구리

우리나라의 잠자리

전 세계에는 약 5,800종의 잠자리가 있고, 우리나라에는 남북한을 합쳐 133종의 잠자리가 살아요. 잠자리는 크게 옛잠자리아목, 잠자리아목, 실잠자리아목으로 나눌 수 있는데, 우리나라에는 잠자리아목과 실잠자리아목만 살아요. 잠자리아목이 96종, 실잠자리아목이 37종 있지요. 우리나라에 사는 잠자리에 대해서 좀 더 자세히 알아볼까요?

잠자리의 구분

잠자리아목과 실잠자리아목

우리나라의 잠자리는 크게 잠자리아목과 실잠자리아목으로 나눌 수 있어요. 두 무리는 애벌레와 어른벌레 모두 생김새에 차이가 있답니다. 어떻게 다른지 함께 알아보아요.

어른벌레

	잠자리아목	실잠자리아목
생김새		
날개 모양	날개가 넓고 커요.	날개가 좁고 작아요.
앞뒤 날개 크기	뒷날개가 앞날개보다 커요.	앞날개와 뒷날개 크기가 같아요.
두 눈의 간격	두 눈이 서로 붙어 있어요.	두 눈이 멀리 떨어져 있어요.
배 모양	크고 통통해요.	가늘고 길어요.
앉을 때의 날개 모양	쫙 펼치고 있어요.	배 위로 접고 있어요.
비행	날면서 먹이를 사냥할 만큼 빠르게 날아요.	습지 식물 사이의 좁은 공간을 정교하게 날아요.

애벌레

우리나라에는 잠자리아목에 속하는 잠자리가 더 많아요.

	잠자리아목	실잠자리아목
생김새		
몸의 모양	크고 넓적해요.	가늘고 길어요.
배 끝의 모양	뾰족하게 생긴 부속지가 달려 있어요.	3개의 꼬리 아가미가 달려 있어요.
숨 쉬는 방법	부속지에 있는 아가미로 숨을 쉬어요.	꼬리 아가미로 숨을 쉬어요.
헤엄치는 방법	물결 모양으로 몸을 흔들어요.	똥구멍으로 물을 내뿜어요.

우리나라에서 가장 작은 잠자리는 꼬마잠자리로 몸길이가 15밀리미터쯤 돼요.

우리나라에서 가장 큰 잠자리는 장수잠자리로 몸길이가 100밀리미터 정도 돼요.

장수잠자리

꼬마잠자리

활동! 잠자리아목의 잠자리와 실잠자리 아목의 잠자리 모습을 그려 보세요.

잠자리아목에서 수가 가장 많은
잠자리과

우리나라에는 잠자리과에 해당하는 잠자리가 제일 많아요. 잠자리과에 속하는 잠자리들은 호수나 저수지, 논에서 쉽게

잠자리아목

고추잠자리

가을볕에 잘 말린 빨간 고추를 닮아서 고추잠자리라는 이름이 붙었어요. 처음 날개돋이했을 때는 색깔이 누렇지만 점점 빨갛게 바뀌어요. 몸길이는 44~50mm예요.

된장잠자리

알에서 어른벌레로 자라는 기간이 짧아서 한 해에 여러 차례 한살이를 해요. 추위를 싫어하고, 아주 먼 거리를 날 수 있어요. 몸길이는 37~42mm예요.

꼬마잠자리

아주 작은 잠자리예요. 산속 습지나, 농사를 짓지 않는 논에서 살아요. 수컷과 암컷의 색과 무늬가 달라 쉽게 구별할 수 있어요. 몸길이는 15~17mm예요.

🌷 멸종위기 야생생물 II급

대모잠자리

몸은 갈색이고 검은색 등줄이 있어요. 날개에 갈색 점무늬가 나타나요. 수생 식물이 많은 연못이나 습지에서 살며, 몸길이는 38~43mm예요.

🌷 멸종위기 야생생물 II급

만날 수 있어요. 보통 수컷이 암컷보다 화려하고, 애벌레는 물풀이 무성한 물속에서 살아요.

배치레잠자리

배가 넓어서 붙은 이름으로 특히 암컷의 배가 더 넓어요. 작은 웅덩이나 얕은 습지에 어린 잠자리와 어른 잠자리가 함께 모여 살아요. 몸길이는 34~38mm예요.

밀잠자리

강가에서 흔히 볼 수 있는 잠자리예요. 어릴 때는 누렇게 익은 밀이나 보리의 색을 띠어요. 애벌레 상태로 겨울을 보내며, 몸길이는 48~54mm예요.

고추좀잠자리

우리나라에 가장 많은 잠자리예요. 날개돋이를 한 뒤에는 더위를 피해 산속으로 갔다가, 짝짓기 시기가 되면 다시 물가로 돌아와요. 몸길이는 38~44mm예요.

나비잠자리

나비처럼 아름다운 날개를 가졌어요. 큰 날개를 팔랑이며 무리 지어 날아다녀요. 짝짓기 시기가 되면 수컷들은 종종 영역 싸움을 벌여요. 몸길이는 36~42mm예요.

밀잠자리와 밀잠자리붙이, 고추잠자리와 고추좀잠자리처럼 비슷한 이름을 가진 것들도 있어요.

측범잠자리과
겹눈이 서로 떨어져 있는

측범잠자리 무리는 잠자리아목이지만, 같은 잠자리아목의 다른 잠자리들과 달리 두 눈이 서로 떨어져 있어요.

잠자리아목

부채장수잠자리

수컷 / 암컷

8번째 배마디의 양옆에 부채 모양 돌기가 붙어 있어요. 날개돋이 후 땅으로 이동했다가 짝짓기 시기가 되면 다시 돌아와요. 몸길이는 65~70mm예요.

마아키측범잠자리

수컷 / 암컷

날개돋이 후 산에 가서 살다가 짝짓기 때가 되면 다시 돌아와요. 알에서 어른벌레가 되는 데 2~3년이 걸려요. 몸길이는 50~54mm예요.

어리장수잠자리

수컷 / 암컷

측범잠자리 중에서 제일 커요. 빛깔과 무늬가 장수잠자리를 닮았어요. 몸에 비해 머리가 작은 편이고, 몸길이는 74~80mm예요.

🌼 국외 반출 승인 대상 생물 자원

쇠측범잠자리

수컷 / 암컷

봄에서 초여름까지만 볼 수 있어요. 깨끗한 물에서만 살고, 몸을 똑바로 세워서 날개돋이를 해요. 몸길이는 36~42mm예요.

🌼 국외 반출 승인 대상 생물 자원

배의 무늬가 선명한 것이 특징이지요. 흐르는 물가에서 주로 볼 수 있는데, 물가와 숲을 오가며 살아요. 솟아오른 바위나 땅 위에 수평으로 앉는 습관이 있답니다.

국외 반출 승인 대상 생물 자원이란 우리나라 밖으로 내보내려면 환경부의 승인을 받아야 하는 생물 자원이에요.

가시측범잠자리

노란배측범잠자리

배가 몸에 비해 가늘어요. 습한 곳을 좋아하고, 산기슭의 초원 지대에서 무리 지어 살아요. 몸길이는 42~45mm예요.

🌷 국외 반출 승인 대상 생물 자원

우리나라 고유종이에요. 우리나라 중남부 지역에 살고, 한살이가 2~3년 걸려요. 몸길이는 56~58mm예요.

🌷 국외 반출 승인 대상 생물 자원

측범잠자리

노란측범잠자리

암수 모두 푸른색을 띠고, 더듬이가 방망이 모양이에요. 수컷은 위아래로 날며 영역을 지켜요. 몸길이는 55~58mm예요.

🌷 국외 반출 승인 대상 생물 자원

서늘한 날씨를 좋아하고, 날개돋이가 끝나면 곧장 산으로 날아가요. 몸길이는 54~56mm예요.

🌷 국외 반출 승인 대상 생물 자원

몸집이 커다란
왕잠자리과

잠자리아목

'왕'이란 이름답게 몸집이 커요. 몸에는 윤기가 흐르고, 남색 또는 초록색 얼룩무늬가 있어요. 애벌레와 어른벌레 모두 먹이를 잘 잡고, 먹성도 아주 좋답니다.

왕잠자리 무리는 기온이 서늘한 곳에서 주로 살아요.

왕잠자리

날개돋이 시기가 매우 다양해서, 어른벌레가 되기 전 마지막 애벌레 상태일 때뿐만 아니라 어린 애벌레 상태로도 겨울을 보내요. 연못과 하천에 많이 살아요. 몸길이는 70~75mm예요.

먹줄왕잠자리

가슴에 진한 검은색 줄이 두 줄 있어요. 산과 가까운 연못과 습지에 살며, 애벌레 상태로 겨울을 보내요. 몸길이는 73~80mm예요.

별박이왕잠자리

배에 별처럼 예쁜 점박이 무늬가 있어요. 첫해에는 알로, 이듬해에는 애벌레로 겨울을 보내고 세 번째 해 여름에 날개돋이를 해요. 몸길이는 65~75mm예요.

❦ 국외 반출 승인 대상 생물 자원

개미허리왕잠자리

이름처럼 3번째 배마디가 개미허리처럼 가늘어요. 알과 애벌레로 겨울을 두 번 보내고, 암컷은 썩은 나무나 이끼에 알을 낳아요. 몸길이는 75~85mm예요.

❦ 국외 반출 승인 대상 생물 자원

긴무늬왕잠자리

등가슴과 배 윗부분에 검은색 긴 줄무늬가 있어요. 이른 새벽이나 저녁에 먹이를 잡아먹고, 물풀이 가득한 연못에 살아요. 애벌레 상태로 겨울을 보내며, 몸길이는 62~68mm예요.

활동! 왕잠자리 무리에는 또 어떤 잠자리가 있는지 조사해 보세요.

몸이 청동색인

청동잠자리과

청동잠자리 무리는 대부분 몸이 청동색이에요. 연못이나 산지의 작은 웅덩이에서 주로 볼 수 있고, 북한 지역에 많이 산다고 알려져 있어요.

잠자리아목

언저리잠자리

짝짓기 시기가 되면 수컷은 바삐 날아다니며 자기 영역을 지켜요. 짝짓기가 끝나면 암컷은 식물 줄기에 앉아 배 끝에서 알을 뭉쳐요. 그러고는 하늘을 날다가 꼬리로 물을 툭 치며 한 번에 알을 떨어뜨리지요. 몸길이는 48~53mm예요.

백두산북방잠자리

백두산 일대에서 흔히 볼 수 있어서 백두산북방잠자리라는 이름이 붙었어요. 짝짓기를 마친 암컷은 하늘을 날면서 물에 알을 뿌려요. 몸길이는 52~56mm예요.

애벌레로 오래 사는 장수잠자리과

긴 수명을 뜻하는 장수라는 이름답게, 알에서 어른벌레로 자라는 데 꽤 오랜 시간이 걸려요. 애벌레는 보통 4~5년 동안이나 물속에서 지내지요. 우리나라에는 장수잠자리 딱 한 종류만 있답니다.

장수잠자리

우리나라에서 가장 큰 잠자리이자, 애벌레 기간이 가장 긴 잠자리예요. 애벌레는 산속에 있는 작은 물웅덩이에서 4~5년을 보낸답니다. 몸길이는 90~105mm예요.

수컷

암컷

생태가 잘 알려지지 않은 잔산잠자리과

산지에 주로 사는 잠자리 무리로 알려져 있어요. 종수도 적고 생태도 많이 밝혀지지 않아 연구가 더 필요한 잠자리예요.

노란잔산잠자리

눈이 아름다운 청록색이에요. 3번째 배마디의 노란색 무늬가 끊어져 있는 것이 잔산잠자리와 달라요. 물이 천천히 흐르는 하천에서 살며, 몸길이는 70~77mm예요.

🌸 멸종위기 야생생물 Ⅱ급

수컷

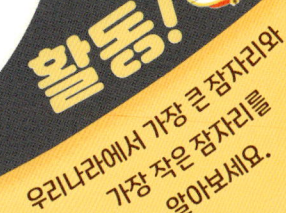
암컷

활동! 우리나라에서 가장 큰 잠자리와 가장 작은 잠자리를 알아보세요.

실잠자리아목에서 수가 가장 많은
실잠자리과

실잠자리 무리는 실잠자리아목 중에서 가장 수가 많아요. 연못과 습지 등 물풀이 무성한 곳에서 살지요. 봄부

실잠자리아목

참실잠자리

푸른빛 몸에 검은 줄무늬가 있어요. 중부 지방에서 많이 볼 수 있고, 연못이나 하천에서 살아요. 몸길이는 30~34mm예요.

등줄실잠자리

일 년에 두 차례 날개돋이를 해요. 봄에 낳은 알은 여름에 어른벌레가 되고, 여름에 낳은 알은 애벌레 상태로 겨울을 보내고 이듬해 봄에 어른벌레가 돼요. 몸길이는 26~34mm예요.

등검은실잠자리

등이 유난히 까매서 등검은실잠자리라는 이름이 붙었어요. 일 년에 두 차례 날개돋이를 하고, 암컷이 수컷보다 커요. 몸길이는 28~32mm예요.

황등색실잠자리

알에서 애벌레가 되는 기간이 2~3주로 매우 짧아요. 암컷은 날개돋이를 했을 때는 노란색이지만 금세 녹색으로 바뀌어요. 몸길이는 20~22mm예요.

터 여름에 주로 볼 수 있고, 몸이 가늘고 날개가 좁은 것이 특징이에요.

작은실잠자리

어른벌레 상태로 겨울을 보내요. 여름에 날개돋이를 하고 활동하는 것과 가을에 날개돋이를 하고 겨울을 나는 것이 있어요. 몸길이는 38~40mm예요.

🌷 국외 반출 승인 대상 생물 자원

아시아실잠자리

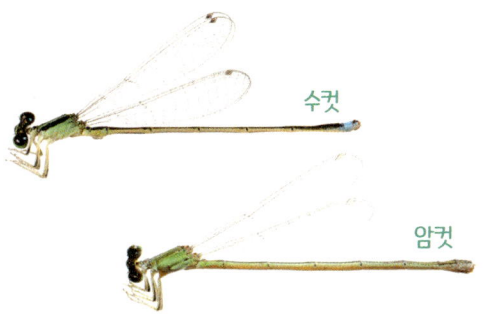

우리나라에서 가장 흔한 실잠자리예요. 암컷은 날개돋이를 했을 때는 빨간색이지만 크면서 녹색으로 바뀌어요. 일 년에 두 차례 날개돋이를 하며, 몸길이는 24~30mm예요.

연분홍실잠자리

수컷은 날개돋이를 했을 때는 푸른색을 띠다가 자라면서 붉게 바뀌어요. 주로 남부 지방에 살며, 몸길이는 36~38mm예요.

🌷 국외 반출 승인 대상 생물 자원

노란실잠자리

날개돋이를 했을 때는 암수 모두 노란색이지만 크면서 암컷은 전체가 녹색으로, 수컷은 가슴이 녹색으로 바뀌어요. 몸길이는 38~42mm예요.

> 실잠자리들은 먼 거리를 날지 않아요. 수생 식물의 줄기나 잎 등에 알을 낳는 종류가 많답니다.

앉을 때 날개를 접지 않는
청실잠자리과

청실잠자리 무리는 날개 안쪽이 가늘고, 날개 앞뒤 모양이 거의 같아요. 이름에 청실잠자리가 들어간 것은 몸 빛깔이 청록빛을 띠고, 다른 실잠자리와 다르게 앉을 때 날개를 접지 않고 펴요. 묵은실잠자리와 가는실잠자리는 어른벌레로 겨울을 나지요.

실잠자리아목

수컷

청실잠자리

북한 지역에 많이 살고, 우리나라에서는 강원도에서 살아요. 식물 줄기 속에 알을 낳고, 알은 이곳에서 겨울을 보내요. 연못이나 습지에서 주로 살며, 몸길이는 38~42mm예요.

🌷 국외 반출 승인 대상 생물 자원

좀청실잠자리

암컷과 수컷 모두 겹눈이 청색이에요. 물에 사는 식물 줄기 속에 알을 낳아요. 물이 흐르는 습지와 연못에 주로 살며, 몸길이는 36~40mm예요.

🌷 국외 반출 승인 대상 생물 자원

수컷

암컷

큰청실잠자리

물가에서 가까운 나무의 껍질 속에 알을 낳아요. 알은 이곳에서 겨울을 보내요. 연못에서 주로 살며, 몸길이는 42~46mm예요.

🔶 국외 반출 승인 대상 생물 자원

묵은실잠자리와 가는실잠자리는 겨울잠을 자다가, 기온이 올라가면 잠에서 깨서 움직여요. 그러다가 추워지면 다시 겨울잠을 자지요.

묵은실잠자리

어른벌레로 겨울을 나요. 봄이 되면 짝짓기를 하고 알을 낳지요. 습지와 연못, 논 등에서 살며, 몸길이는 34~38mm예요.

가는실잠자리

어른벌레로 겨울을 나요. 겨울잠을 잘 때는 갈색이지만 봄이 되면 고운 청색으로 몸 빛깔이 변해요. 습지와 연못, 논에서 살며, 몸길이는 34~38mm예요.

🔶 멸종위기 등급 관심 대상

멸종위기 등급 관심 대상은 멸종위기 등급에 포함되지는 않지만, 관심 있게 지켜볼 필요가 있는 대상을 말해요.

활동! 겨울잠을 자는 잠자리에는 또 무엇이 있는지 찾아보세요.

날개 색이 짙은
물잠자리과

암컷은 물속으로 잠수하여 알을 낳기도 하지요.

물잠자리 무리는 날개가 긴 타원형이고, 다른 잠자리보다 날개 색이 짙어요. 몸은 청동색을 띤답니다.

실잠자리아목

물잠자리

수컷의 날개는 청남색이고, 암컷의 날개는 구릿빛을 띠어요. 암컷 날개 끝에는 흰색 무늬가 있지요. 물이 깨끗한 곳에서만 살고, 날개돋이한 주변에서 계속 살아요. 몸길이는 55~57mm예요.

검은물잠자리

날개 안팎이 모두 흑갈색을 띠어요. 그래서 어두운 곳에서 떼 지어 날아다니면 마치 귀신을 본 것 같다고 하여 '귀신잠자리'로도 불리지요. 물이 흐르는 하천에서 쉽게 볼 수 있어요. 몸길이는 60~62mm예요.

날개 앞뒤 모양이 거의 같은
방울실잠자리과

수컷의 다리에 달린 방울에는 억센 가시털이 달려 있어요.

방울잠자리 무리는 날개의 안쪽이 가늘고, 날개 앞뒤 모양이 거의 같아요. 이름에 '자실잠자리'가 들어간 잠자리는 사는 곳이 한정적이고, 수도 많지 않아서 보호가 필요해요.

방울실잠자리

수컷의 가운뎃다리와 뒷다리의 맨 끝마디가 방울 모양이에요. 수컷은 이것을 무기로도 쓰고 암컷을 유혹할 때도 써요. 몸길이는 38~40mm예요.

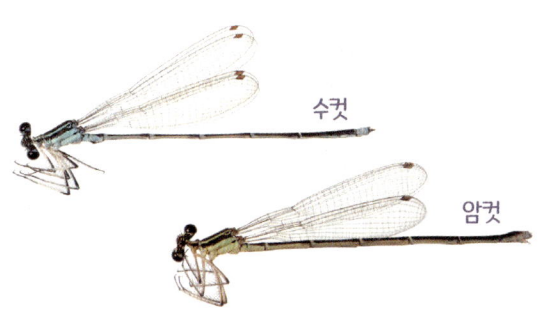

자실잠자리

배마디의 띠무늬가 마치 자의 눈금처럼 보여서 자실잠자리란 이름이 붙었어요. 물풀이 우거진 연못이나 물 흐름이 약한 하천, 습지에서 살아요. 몸길이는 44~48mm예요.

큰자실잠자리

자실잠자리와 많이 닮았어요. 자실잠자리보다 조금 더 크고, 등가슴에 있는 무늬가 달라요. 암컷은 다리가 적갈색이고, 수컷은 다리가 황백색이에요. 몸길이는 46~50mm예요.

🌷 국외 반출 승인 대상 생물 자원

활동!
물잠자리 암컷과 검은물잠자리 암컷의 날개 모습을 비교해 보세요.

잠자리를 만들어요

'잠자리'라고 하면 무엇이 떠오르나요? 툭 튀어나온 눈, 기다란 배, 하늘하늘한 날개가 떠오르지요. 잠자리의 특징을 생각하면서 색종이와 플라스틱 숟가락으로 잠자리를 만들어 볼까요?

색종이로 잠자리 만들기

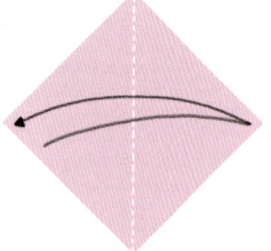

❶ 색종이를 반으로 접었다 펴요.

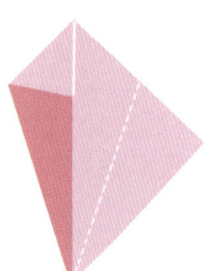

❷ 중심선에 맞춰 양쪽을 접어요.

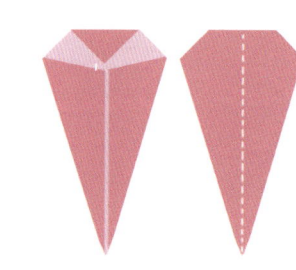

❸ 아래로 접고 뒤집으면 몸통 완성!

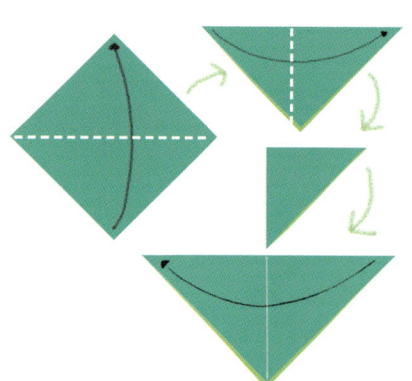

❹ 반으로 접고, 다시 반으로 접었다 펴요.

❺ 중심선을 기준으로 양쪽을 접고 뒤집어요.

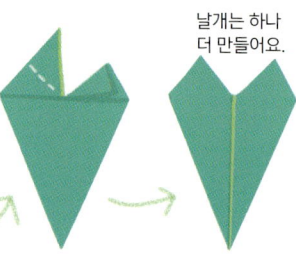

날개는 하나 더 만들어요.

❻ 윗부분을 접고 다시 뒤집으면 날개 완성!

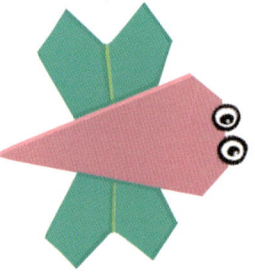

❼ 몸통에 날개를 풀로 붙이고, 눈을 그리거나 만들어 붙이면 완성!

플라스틱 숟가락으로 잠자리 만들기

준비물 ▷ 플라스틱 숟가락, 양면 색종이, 위생 장갑, 스카치테이프, 네임펜

❶ 플라스틱 숟가락을 뒤집어 눈을 붙이거나 네임펜으로 그려요.

❷ 색종이를 찢고 구겨서 한 덩어리씩 작게 뭉쳐요.

❸ 위생 장갑의 손가락 부분을 가위로 잘라요.

❹ 장갑 손가락에 색종이를 넣고, 스카치테이프로 봉해 날개를 만들어요.

❺ 플라스틱 숟가락에 날개를 붙이면 완성!

날개는 여러 가지 재료로 만들 수 있어요.

스스로 연구하기

잠자리에 대한 궁금증이 많이 풀렸나요? 이제 밖으로 나가 잠자리를 직접 관찰하고, 채집도 해 보아요. 그리고 관찰한 내용을 관찰일지로 써 보세요. 나만의 잠자리 노트를 만들어 종류별로 정리해 보는 것도 좋아요.

잠자리 관찰하고 채집하기

잠자리를 관찰해요

잠자리를 만나는 가장 쉬운 방법은 물가로 가는 거예요. 집에서 가까운 호수나 연못, 개울가에 가 보세요. 겨울이 아니라면 잠자리가 날아다니는 모습을 볼 수 있어요. 잠자리는 종류에 따라 사는 곳이 달라요. 왕잠자리나 실잠자리 등을 보려면 연못으로, 부채장수잠자리나 장수잠자리를 보려면 산에 있는 계곡으로 가야 한답니다.

직접 관찰하고 채집해 보면 잠자리에 대해 더 잘 알 수 있어요.

잠자리가 나는 모습을 관찰해요
잠자리 무리는 빠르게 날고, 실잠자리 무리는 팔랑거리며 날아요.

잠자리의 색깔을 관찰해요
같은 종류여도 암컷과 수컷, 어린 개체와 성숙한 개체에 따라 몸 빛깔이 달라요.

짝짓는 모습을 비교해요
실잠자리 무리는 하트, 잠자리 무리는 고리 모양으로 짝짓기를 해요.

앉아 있는 모습을 비교해요
잠자리 무리는 날개를 펴서 앉고, 실잠자리 무리는 날개를 등 위에 접고 앉아요.

잠자리를 채집해요

잠자리는 주로 낮에 활동하기 때문에 관찰하기 쉬워요. 하지만 채집하는 건 쉽지 않지요. 잠자리 채로 낚아채려 해도 번번이 실패하는 경우가 많거든요. 그럴 때는 손가락으로 뱅글뱅글 원을 그리며 조금씩 다가가 반대편 손으로 날개를 잡으면 돼요. 이 방법은 잠자리 눈이 겹눈인 것을 이용한 거예요. 잠자리는 낱눈 하나하나로 손가락의 움직임을 보기 때문에, 순간적으로 헷갈려 행동이 느려지거든요.

잠자리는 꼭 필요한 만큼만 잡아야 해요. 재미로 잡아서 함부로 죽이면 안 돼요. 잠자리의 생명도 소중하니까요.

또 잠자리 암컷을 잡아서 다리에 실을 매달아 물가로 가지고 가서 날리면, 짝지으려는 수컷이 몰려와 쉽게 채집할 수 있어요.

잠자리 애벌레는 어른 잠자리가 날아다니는 물가를 조사해 보면 찾을 수 있어요. 수풀이 우거진 곳을 뜰채로 뒤적거리면 발견할 수 있지요. 물이 맑은 곳에서는 눈으로 직접 보고 채집할 수도 있답니다.

표본을 만들 것이 아니라면, 잠자리를 채집하여 관찰한 뒤 온전하게 자연으로 돌려보내 주는 것이 좋아요.

잠자리를 보관해요

표본을 만들기 위해 잠자리를 잡으면, 바로 알코올 솜이나 살충제가 들어 있는 채집통에 넣어요. 잠자리가 살아 있으면 표본으로 만들 수 없거든요. 이렇게 채집한 잠자리는 되도록 빨리 표본으로 만들어요. 죽은 곤충은 금세 몸이 굳기 때문이에요.

시간이 없을 때는 잠자리를 냉동실에 넣었다가 다시 녹여서 만들 수도 있어요. 하지만 잠자리 날개가 상하기 쉬우니 되도록 바로 만드는 것을 추천해요.

활동! 잠자리 표본 만드는 법을 좀 더 자세히 알아보세요.

잠자리 관찰일기 쓰기

잠자리를 관찰했거나, 채집했다면 그 내용을 관찰일기로 써 보세요. 잠자리의 종류, 생김새, 크기 등을 적고 관찰이나 채집 과정에서 겪은 일들을 솔직하게 쓰면 돼요. 궁금한 점이 있었다면 적어 놓고 더 깊이 탐구해 보세요.

관찰하다가 생긴 궁금증은 따로 적어 놓고 다양한 방법으로 해결해 보세요.

| 날짜: 7월 30일 | 장소: 집 앞 공원 | 관찰 대상: 고추잠자리 |

우리 집 앞에 커다란 호수가 있는데, 요즘 그곳에 잠자리가 제법 많이 나타난다. 여름이 되면서 부쩍 많이 보이는 것 같다. 대부분의 잠자리가 눈부터 배 끝까지 새빨간 것을 보고 엄마는 고추잠자리라고 하셨다. 고추처럼 빨개서 그런 이름이 붙었나 보다. 신기한 것은 잠자리가 혼자서도 날아다니지만 두 마리가 줄지어 날아다니기도 한다는 것이다. 자세히 관찰해 보니 앞에 있는 잠자리가 뒤에 있는 잠자리의 목덜미를 붙잡고 끌고 다니는 것처럼 보였다. 인터넷을 찾아보니 짝짓기를 하려고 결혼 비행을 하는 거라고 했다. 다행이다. 나는 힘센 잠자리가 약한 잠자리를 괴롭히는 줄 알았다.

궁금한 점

호수에서 보는 잠자리들은 대부분 빨간데, 노란빛이 돌고 색이 흐릿한 것도 있었다. 날개도 어쩐지 투명해 보였다. 다른 종류의 잠자리인지, 어린 잠자리인지 궁금했다. 인터넷을 찾아보니 날개돋이를 막 했을 때는 색깔이 누렇고 연하다고 했다. 하지만 호수에 다른 잠자리도 사니까 확실하지는 않다. 다시 확인해 보아야겠다.

| 날짜: 8월 16일 | 장소: 집 앞 공원 | 관찰 대상: 고추잠자리 |

 잠자리채를 들고 호수에 갔다. 그런데 잠자리가 어찌나 빠른지 잠자리채를 마구 휘둘러도 도무지 잡히지 않았다. 결국 어제는 잠자리채를 휘두르다 더위만 먹고 빈손으로 돌아왔다.

 속상해서 아빠한테 이야기했더니 손가락을 뱅글뱅글 돌려서 잠자리 잡는 방법을 가르쳐 주셨다. 아빠 말씀대로 오늘은 앉아 있는 잠자리에게 손가락을 뱅글뱅글 돌리며 다가갔다. 신기하게도 잠자리가 도망가지 않아서 쉽게 잡을 수 있었다.

 오늘 나의 목표는 새빨간 고추잠자리와 노란빛이 도는 하얀 잠자리였다. 고추잠자리는 쉽게 잡을 수 있었지만 하얀 잠자리는 쉽게 보이지 않았다. 30분을 헤매다 운 좋게도 물풀에 앉아 있는 잠자리를 발견했다. 아빠가 가르쳐 주신 방법으로 또 잡을 수 있었다.

 집에 와서 두 잠자리를 비교해 보았다. 정말 비슷했다. 아마도 색이 흐린 것이 어린 잠자리 같다. 책을 찾아보니, 고추잠자리는 자라면서 색이 빨개진다고 했다. 내가 예상한 내용이 맞아서 정말 뿌듯하다. 관찰을 마친 뒤에는 잠자리들을 다시 하늘로 날려 주었다.

잠자리를 그림으로 그리거나 사진을 찍어 보세요.

궁금한 점

 하얀 잠자리를 발견한 곳 근처에서 물풀에 붙어 있는 허물을 발견했다. 날개돋이를 하고 나서 남은 허물 같았다. 허물 모양을 보며 애벌레가 어떻게 생겼을지 짐작할 수 있었다. 갑자기 잠자리 애벌레가 궁금해졌다. 내일부터는 물풀을 뒤적이며 잠자리 애벌레 모습을 관찰해 봐야겠다. 돋보기랑 잠자리채를 미리 챙겨 두어야지.

잠자리 실험하기

잠자리로 궁금한 점을 실험해 보는 것도 좋아요. 먼저 가설을 세우고 결과를 예상해 보세요. 그다음에는 실험하고, 실험한 결과를 해석하면 된답니다.

> 가설이란 모르는 일에 대해 미루어 짐작해서 생각해 보고, 설명하는 것을 말해요.

실험 주제1: 잠자리는 암컷과 수컷을 무엇으로 구별할까?

1단계 가설 세우고 예측하기

잠자리는 시각으로 암컷과 수컷을 구별할 것이다.

2단계 실험하기

① 수컷 왕잠자리를 잡아 호박꽃 수술로 배를 노랗게 색칠해요.
② 실로 왕잠자리의 다리를 묶어요. 다 묶는 것보다는 2개 정도 묶는 것이 좋아요.
　(다리를 묶을 때는 잠자리가 다치지 않게 주의하세요.)
③ 배를 노랗게 칠한 왕잠자리 수컷을 날리면서 다른 수컷 왕잠자리들의 모습을 관찰해요.

3단계 실험 결과 해석하기

왕잠자리 수컷들이 암컷처럼 위장한 수컷한테 달려들었다. 노란색 배를 보고 암컷으로 착각한 것 같다. 이 사실로 미루어 볼 때, 잠자리는 시각으로 암수를 구별한다는 가설은 맞는다고 할 수 있다.

실험 주제2: 잠자리 날개는 물에 젖을까?

1단계 가설 세우고 예측하기

물잠자리는 하천이나 계곡에 살면서 물가 주변을 낮게 날아다녀요. 암컷은 물속으로 잠수해서 알을 낳기도 해요.

2단계 실험하기

❶ 물잠자리와 고추좀잠자리를 채집해요.
❷ 그릇에 물을 가득 담아요.
❸ 물잠자리와 고추좀잠자리의 날개를 잡고, 날개만 30초씩 5번 물속에 담가요.
❹ 물잠자리와 고추좀잠자리를 날려 보세요.

3단계 실험 결과 해석하기

잠자리들은 대개 비가 오면 나뭇잎 등 비를 피할 수 있는 곳으로 숨어요. 날개가 젖는 걸 싫어하나 봐요.

더 궁금한 것을 묻고 답해요

Q. 잠자리의 이름은 어떻게 붙이나요?

대개 생김새에 따라 이름을 붙여요. 실같이 가늘어서 실잠자리, 가을볕에 말린 고추를 닮아서 고추잠자리로 불리는 식이지요. 하지만 백두산북방잠자리처럼 발견된 장소를 이름으로 붙이기도 해요.

꼬마잠자리
몸이 작아서 꼬마란 이름이 붙었어요.

부채장수잠자리
배의 8번째 마디가 부채 모양처럼 생겨서 이름에 부채가 들어갔어요.

백두산북방잠자리
백두산에서 흔히 발견되어 이름에 백두산이 들어갔어요.

Q. 잠자리는 눈이 좋다는데, 귀도 좋나요?

잠자리는 눈은 아주 좋지만 소리는 듣지 못해요. 귀가 없거든요. 모든 동물이 귀가 있는 것은 아니랍니다. 잠자리처럼 눈이 좋은 대신 귀가 없는 동물도 있고, 두더지처럼 눈은 잘 보이지 않는 대신, 땅을 잘 팔 수 있는 앞발을 가진 동물도 있어요. 각자의 생활에 맞게 몸이 진화한 것이지요.

Q. 잠자리는 얼마나 오래 사나요?

곤충의 수명은 알, 애벌레, 어른벌레 중에서 어떤 것을 기준으로 삼느냐에 따라 달라져요. 잠자리는 알로 겨울을 나는 것도 있고, 애벌레로 4~5년을 지내는 것도 있으며, 어른벌레로 겨울을 나는 것도 있어요. 한살이를 기준으로 따지면 수명이 짧은 것은 2~3개월, 긴 것은 5년 이상 된답니다.

Q. 짝짓기할 때가 되면 색이 변한다고요?

잠자리 종류 중에서는 자라면서 색이 변하는 것들이 있어요. 이렇게 색이 변하는 이유는 암컷과 수컷이 구분돼야 짝짓기도 하고 알을 낳을 수 있기 때문이에요. 그런데 잠자리 중에서 암컷과 수컷이 거의 비슷하게 생긴 것들도 있어요. 신기하게도 자기들끼리는 암컷인지 수컷인지 구별할 수 있대요.

Q. 잠자리를 먹는다고요?

우리나라를 비롯한 대부분의 나라에서는 잠자리를 먹지 않아요. 하지만 인도네시아와 중국에서는 잠자리를 요리해서 먹어요. 날개를 떼어 낸 후, 코코넛 기름에 볶아서 간식이나 반찬으로 먹는다고 해요. 코코넛우유에 생강과 마늘을 넣어서 졸이듯 익혀 먹기도 한대요.

잠자리 탐구 활동을 해 보세요

잠자리에 대해 얼마나 알게 되었나요? 다음 퀴즈를 풀면서 잠자리와 얼마나 친해졌는지 알아보세요.

1. 살아 있는 화석으로 불리는 곤충은 무엇일까요?

2. 잠자리목에 속하는 곤충은 무엇인가요?
   ① 나비   ② 메뚜기
   ③ 잠자리   ④ 사마귀

3. 잠자리는 앉아 있을 때 날개를 뒤로 접지 못하는 고시류 곤충에 속해요.

   이 설명이 맞으면 ○, 틀리면 X를 표시하세요.

4. 잠자리 애벌레는 어디에서 사나요?

5. 잠자리는 알, 애벌레, 번데기, 어른벌레의 단계를 모두 거치는 곤충이에요.

   이 설명이 맞으면 ○, 틀리면 X를 표시하세요.

6. 잠자리의 머리에는 낱눈이 여러 개 모인 ○○과 밝기를 구분할 수 있는 □□이 달려 있어요.

7. 잠자리가 하늘을 날며 자유롭게 방향을 바꾸고, 제자리에서도 날 수 있는 까닭은 무엇 때문인가요?

8. 짝짓기 시기가 되면 수컷 잠자리들은 어디에서 무엇을 하나요?

9. 어른벌레로 겨울을 보내는 잠자리 세 종류는 무엇인가요?

10. 다음 중 잠자리의 천적이 아닌 것은 무엇일까요?

① 거미   ② 사마귀
③ 올챙이 ④ 개구리

11. 우리나라 잠자리 중에서 가장 큰 잠자리는 무엇일까요?

12. 나비처럼 아름다운 날개를 가진 우리나라 잠자리는 무엇인가요?

14. 실잠자리아목 애벌레는 무엇으로 숨을 쉬나요?

13. 우리나라에서 가장 흔히 볼 수 있는 실잠자리는 무엇인가요?

15. 잠자리아목은 앞날개와 뒷날개의 크기가 같아요.

이 설명이 맞으면 ○, 틀리면 X를 표시하세요.

16. 다음 중 수가 적어 나라에서 멸종 위기종으로 관리하는 잠자리는 무엇일까요?

① 꼬마잠자리
② 고추잠자리
③ 참실잠자리
④ 묵은실잠자리

정답은 72쪽에 있어요.

답을 잘 모르겠으면 책을 다시 읽어 보세요.

정답

67쪽

1단계 잠자리 종류마다 다를 것이다. 물잠자리는 물속으로 잠수도 할 수 있으니 날개가 젖지 않아 날 수 있을 것이고, 고추좀잠자리는 날개가 젖어서 날 수 없을 것이다.

3단계 물잠자리와 고추좀잠자리 모두 처음에는 날개에 물이 묻지 않았다. 하지만 계속해서 물에 담그자 고추좀잠자리는 날개가 젖어서 날 수 없었다. 하지만 물잠자리는 날개가 젖지 않아서 날 수 있었다. 따라서 잠자리 종류마다 다를 것이라는 가설은 맞는다고 볼 수 있다.

70~71쪽

1. 잠자리
2. ③
3. ○
4. 물속
5. X(잠자리는 알, 애벌레, 어른벌레의 과정을 거치는 불완전탈바꿈을 해요.)
6. 겹눈, 홑눈
7. 앞뒤 날개를 따로 움직일 수 있기 때문이에요.
8. 물가를 날아다니며 자기 영역을 지켜요.
9. 묵은실잠자리, 가는실잠자리, 작은실잠자리
10. ③
11. 장수잠자리
12. 나비잠자리
13. 아시아실잠자리
14. 꼬리 아가미
15. X(잠자리아목은 뒷날개의 크기가 커요.)
16. ①